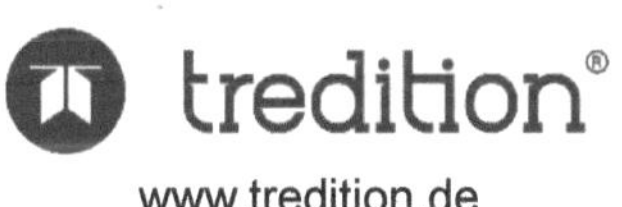

www.tredition.de

ha-be-trio

sebastian harbig

&

andreas bebensee-klockmann

textlichungedichted

worte zur musik

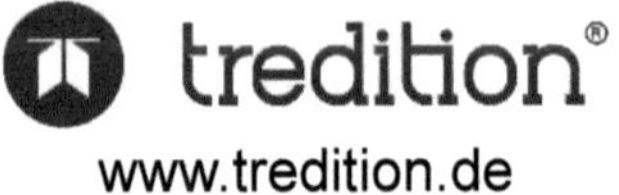

www.tredition.de

© 2019
ha-be-trio ;
sebastian harbig & andreas bebensee-klockmann

Verlag und Druck:
tredition GmbH, Halenreie 40-44, 22359 Hamburg

ISBN
Paperback: 978-3-7497-1322-6
Hardcover: 978-3-7497-1323-3
e-Book: 978-3-7497-1324-0

nein zur wirklichkeit

ja zur illusion

nein nein nein

träume tragen

hirnfick für den frieden

lass meinen willen fahren

als ich mir begegnete

tust du ja wieder nicht

ich weiss

hunger

in einer stunde dessen sein

rahmen

bewegung

rythmus

wenn demut doch so einfach

bunt und beseelt

lass mich nicht so stehn

die lösung

die zeit rennt

nach richten

glaube

mit ohne erwartung

eigentlich schön

auf rotem felde

denk

er ist

dich

tribut

8acht8

somewhere

SaR

stundentakt

gedankenallerlei

unendlichkeit

richtigwichtig

einmal frei sein

nochmal fliegen

im fluss des seins

das war wieder so ein tag

wesenwandelwesen

ich habe keinen plan vom leben

lebenslust

rabimmel rabummel

tiefe sehnsucht

ungefragter tag

unschuldig

pasquale

sinnlos

stufen

andere leben begaffen

weisst du

verbundenheit

oh ja

ende

die krone der schöpfung

danke

a.b.-k.

....träume tragen

wünsche treiben

sehnsucht lenkt

freiheit ist ein flügel

leidenschaft der zweite

und der himmel ist grenzenlos

liebe das leben

lebend

lebendig

---

träumer..

hirnfick für den frieden

(weichmacher)

a.b.-k.

da steht nun dieser klumpen fleisch
beseelt - wohl spürbar
ihm scheint zu höherem berufen
zu mehr bestimmt als nur zu atmen

zersplittert in gedankenstränge
hebt sich empor durch technischen
verstand
lässt leiden um im besten licht zu
glänzen
geht eitel und allein zu bett zu grunde

die liebe scheint ihm hohes gut
doch hängt sie wohl am materiellen
haben
nur zu lieben was sich lohnt
der rest ein teil für vagabunden

allein die liebe zu dem sein

allein das leben goldener schein

allein das atmen der lebendigkeit

haucht jedem wesen frieden ein

auferwachsen aus dem staube
einer unbestimmten flamme
komplexität bestimmt
das unbegreifbar stehende
und auch das was ihn umgibt

da stellt er sich doch gar die frage
nach himmel - hölle - zöllibat
geht weiter bis zum bitteren ende
erhofft erlösung am letzten tag

wohin treibt nun dieser klumpen
fleisch
wenn sein sein so fremdbestimmt
vom rackern ackern schuften
knechten
für papier das wertlos ist

allein die liebe zu dem sein
allein das leben goldener schein
allein das atmen der lebendigkeit
haucht jedem wesen frieden ein

ein unverhülltes hart gelächter drückt
mich zu boden als ich schreibe
das jede art von unterdrückung auf
des lebens geist und leibe
ein ausdruck ist von unbeholfenheit
zu verstehen das wir alle eins
das das was uns unendlich scheint
nun endlich auch begreifbar scheint

da träumt er hin der klumpen fleisch
ist schwach und trunken von dem leid
das ist nun alles einerlei
er hebt das glas und singt dabei
las laufen lass uns untergehn
die warheit ist ein trüber see
das leben bilden wir uns ein es wird
wohl eine leinwand sein

und alles nur weil ich geträumt hab
das was wir tun
im zwanzigsten jahrhundert
kann unmöglich wirklich wahr sein
die einen fett die andren hungern
das - macht - noch immer
zu missbrauchen
als tugend gilt um weit zu sehn
die andren können schuhe putzen und
sich in der asche schlafen legen

allein die liebe zu dem sein

allein das leben goldener schein

allein das atmen der lebendigkeit

haucht jedem wesen frieden ein

lass meinen willen fahren

s.h.

lass meinen willen fahren
will fahren über das meer

will mich nicht mehr beklagen
beklagen macht's so schwer

will weit aufs meer mich
wagen
will weit aufs meer mit dir

lass furcht und hoffnung
gehen
lass gehen über den rand

meine zweifel will ich
begraben
zuviel für meinen verstand

häng mich nicht mehr ans
haben

geb mich in gottes hand

will plan

nicht ziel vergessen

will konsequent

flexibel sein

als ich mir begegnete

a.b.-k.

wohin des weges junger mann
wohin des weges was treibt dich an
schritt für schritt ich sehe schon
unaufhörlich hin zu welchem lohn

stark und schön und ganz beflissen
ist es die liebe lass es mich wissen
bist du schon lange
auf diesen pfaden unterwegs
wo ziehts dich hin
sag wohin geht`s

was trägst du bei dir
und warum
gehst du nur voran
drehst dich nicht um
was ist das
was an deinem halse hängt
ein strick ein schmuck
gar ein präsent

sehn deine augen
gar was andres
hörst du gar andre laute
riechst du was ganz besonderes
schmeckst du das gift
der freiheit

<u>tust du ja wieder nicht</u>

s.h.

tust du ja wieder nicht

was sie dir sagen

gehst du ja wieder

deinen weg ganz allein

wie es auch kommt

kannst die andren nicht fragen

wie es auch kommt wird es sein

sagen doch alle

das kann so nicht gehen

das ist nicht zu schaffen

das musst du doch sehn

einer kam

der wollte das so nicht glauben

wollte seinen weg einfach gehn

musst den kummer der welt

ja nicht tragen

hör auf zu klagen

bist du taub bist du blind

kannst die antwort

nur selber dir sagen

kannst dir gewiss sein

du bist frei

frei wie der wind

tust du ja wieder nicht
was sie dir sagen
gehst du ja wieder
deinen weg ganz allein
wie es auch kommt
brauchst die andren nicht fragen
wie es auch kommt wird es sein

musst den kummer der welt

ja nicht tragen

hör auf zu klagen

bist du taub bist du blind

kannst die antwort

nur selber dir sagen

kannst dir gewiss sein

du bist frei - frei wie der wind

ich weiss

a.b.-k.

ich weiss

geld kann mann nicht essen

diese erde kann mann nicht besitzen

ich glaube auch das es viele wissen

wieso fühle ich mich dann so

beschissen

immer nur am rennen wie faschisten

damit der rubel rollt

dickes buissenes

ich kann alles kaufen

weil es schick is

das bild auch echt ist

bis mir der geier im genick sitzt

hunger

s.h.

da hab ich es so satt dafür

müssen andre hungern

der zweifel ich und ungedult

auf meinem sofa lungern

ich baue mir den misserfolg

mit wachsendem begehren

kein wiederstand war mir zu klein

ich wollte mich nur wehren

so hab ich sie dann umgebracht
ihr sanftmut und ihr lachen
und dachte zweifelnt noch bei mir
das darf man doch nicht machen

jetz sitze ich alleine hier
und muss mich ernsthaft fragen
wer is jetz schuld an meim geschick
wehn kann ich nun anklagen

da hab ich es so satt dafür
müssen andre hungern
da zweifel ich und depression
auf meinem sofa lungern

ein ende ist wohl abzusehn

die schuld ist klar vergeben

mit ignorants und selbstbetrug

lässt es sich doch leben

da kommt ein freund bei mir vorbei
und spricht zu mir was solls mann
am lieben kommst du nicht vorbei
du bist doch nicht aus holz mann

auch ist kein ende abzusehn
von deiner langen reise
nun nimm dein kreuz
und lass uns gehn
ein jeder auf seine weise

beim laufen denkt es sich so leicht

das wirst du gleich erleben

die wiederstände lass sie gehn

auch du kannst dir vergeben

beim laufen denkt es sich so leicht

das wirst du gleich erleben

und wenn es einmal so schön läuft

dann lass uns doch gleich schweben

in einer stunde dessen sein

a.b.-k.

tagesweise richtig leben
stundenweise im genuss
jahrelang immer am fliegen
momente im sekundentakt

verdrossenheit ist ein gefühl
oder vielleicht auch nur ein wort
tagträumer immer noch real
für geister offen im verstand

ist lebenslust nur ein gedanke
ist die sonne nur ein stern
sind träume ehrlich oder wahn
bist du echt an meiner seite

vergeben und vergessen
egoman und selbstverliebt
idiotisch unterdessen
derer gleich im zeitenwahn

immerhin doch mittendrin
immernoch ein teil davon
ohnehin immer am suchen
was solls

wir leben nun einmal

rahmen

s.h.

bin aus dem rahmen gefallen

und liege im schnee

mein bild hängt noch an den wänden

bin n-un-endlich allein

und starr ruht der see

meine hitze wird den schnee schon

verschwenden

ich schmelze und taue

und sink noch ein stück

da ist sie die erde die grosse

wie leicht sie sich öffnet

sie nimmt mich zurück

finde ruhe in ihrem schosse

finde ruhe in ihrem schoss

bewegung

a.b.-k.

und auf einmal

ist alles garnichtmehr so schwer

wenn die beine sich bewegen

sich die räder wieder drehn

die wellen sich mit jedem schwung

an ein neues unbekanntes ufer wehn

und auf einmal

ziehen wolken auf vom meer

tränken jeden ausgedörten flecken

menschlichen verstands

mit tropfen voller liebe

mit nektar der begierde

auf das was bisher im dunklen lag

auf den einzelnen moment

im langen tag

es entspringt ein leichter quell
so zart und leicht verletzlich
so stark im kern
und doch so leicht zerbrechlich
erwächst aus sich heraus
erstrahlt sich weit hinaus
erfüllt das sich umgebende
für fruchtbarkeit und staunt
als es spricht
" gib nicht auf - bleib bei dir
gib nicht auf - bleib bei dir „

danke dir
ich lieb dich sehr
mein quell der liebe
und noch mehr

rythmus

s.h.

„ .... es war eine mutter

die hatte vier kinder

den frühling den sommer

den herbst und den winter

der frühling bringt blumen

der sommer den klee

der herbst bringt den regen

und der winter der schnee ....„

das ist der rythmus den ich mit muss

das is der rythmus den ich seh

das ist der rythmus den ich mit muss

das is der rythmus den ich versteh

so war es schon immer

und so kommts immer wieder

im winter schläfts ein

regst im sommer die glieder

im frühling gibts hoffnung

so soll es sein

im herbst schläft die hoffnung

dann wieder ein

das ist der rythmus ...

ein jeder bauer weiss es schon immer

doch die menschen in der stadt

haben davon kein schimmer

sie rennen und laufen von juni bis mai

un in den freien tagen

dann ab in die türkei

is das ein rythmus....

so sind wir gemacht

und da kann man nichts machen

also pass auf dich auf

und verlier nicht dein lachen

der eine liebt mozart

und der andre liebt bach

ich lieb die stille

und mach trotzdem gern krach

das ist der rythmus den ich mit muss

das is der rythmus den ich seh

das ist der rythmus den ich mit muss

das is der rythmus den ich versteh

wenn demut doch so einfach

a.b.-k.

nichts ist

wie es scheint

doch wohl in ganzer gänze

erhaben über die dinge

ist zugleich unendlich und unfassbar

als auch eng un-begrifflich

einzugrenzen

geliebt werden wollen

ist alles - ist nichts

bewundert werden wollen

gibt alles - gibt nichts

gesehen werden wollen

birgt alles - birgt nichts

in das herz geschlossen

werden wollen

ist allzu gefährlich - ist nichts

aufgehoben werden wollen

ist vertrauen- ist nichts

bestärkt werden wollen

trägt viel weiter und nichts

geliebt werden wollen

ist alles - ist nichts

es ist an dem

aus dem vollen schöpfen zu können

mit leeren händen da zu stehn

im geiste zu verweilen

den gedanken nachzusehn

eins zu sein mit

der umgebenden vielfalt

und alleine in sich versunken

„.. allgemein: „Tugend, die aus dem Bewusstsein unendlichen Zurückbleibens hinter der er-
strebten Vollkommenheit (Gottheit, sittliches
Ideal, erhabenes Vorbild) hervorgehen kann" .."

bunt und beseelt

a.b.-k.

stell dir vor du bist auf der flucht
hinter dir die horden aufgeputscht
jeden tag tragen dich die beine
irgendwann weiter weiter weiter
und du rennst weiter
weil sie dich jagen
falscher glaube falscher gott
es ist nicht die jacke nich die haare
nö ganz primitiv die klage
du kannst glauben
glauben oder sterben
du musst für den einen werben
du musst für den deinen killn
weil er es den so will
und kannst du da noch überlegen
gehen oder beten
laufen oder glauben
kannst du das noch überschaun

könn wir gehn könn wir gehn

wohin wir wolln

könn wir gehn könn wir gehn

steht die freiheit zur wahl

so viele götter
die ich nicht persönlich kenn
bring diese welt so oft zum brenn
es gibt so viele die ihnen folgen
doch es wirkt so unbeholfen
christen - juden - moslems - fanatisten
diktatoren spekulanten und faschisten
1000 religionen eine welt was fehlt ist
SOLIDARITÄT
es ist ein planet unser geschenk
das wir hier am leben sind
das wir dieses wunder leben
also kann doch jeder beten
kann glauben was er will
kann leben wo er will
wir können gehn - in liebe miteinander

könn wir gehn könn wir gehn
wohin wir wolln
könn wir gehn könn wir gehn
steht die freiheit zur wahl

also gut wo steckt jetzt die angst
das fremder kann was ich nicht kann
das einer kommt und mehr mit bringt
andre lieder kennt
und andre lieder singt
wieso angst haben
das menschen uns nehmen
was wir haben
unsre schulden unser leid
unser elend unser sein
wir können eh nur
stehn auf unsren beinen
wir können atmen diese luft
uns befreien aus der gruft
von gier und heuchelei

von immer mehr und oder besser sein
wir sind alle eins
wir sind alle frei
es ist ein planet
auf dem jeder von uns geht
bunt und beseelt

wir könn gehn wir könn gehn

wohin wir wolln

wir könn gehn wir könn gehn

die freiheit ist da

lass mich nicht so stehn

s.h.

du strafst mich mit verachtung

oder ignorants

was hat das zu bedeuten

ich versteh das nicht ganz

bin ich wirklich so daneben

oder deine projektion

lass uns drüber reden

dann findet sich das schon

nur lass mich nicht so stehn

lass mich nicht so stehn

du versuchst mir offensichtlich

aus dem weg zu gehn

lass mich nicht so stehn

lass mich nicht so stehn

du versuchst mir offensichtlich

aus dem weg zu gehn

werd ich ungerecht behandelt

mein gemüt sich schnell verwandelt

war ich eben mild und friedlich

jetzt schon nicht mehr appetitlich

werde garstig und gemein

spucke aus fang an zu schrein

ahhhhhhhh

lass mich nicht so stehn
lass mich nicht so stehn
du versuchst mir offensichtlich
aus dem weg zu gehn
lass mich nicht so stehn
lass mich nicht so stehn
du versuchst mir offensichtlich
aus dem weg zu gehn

also reiss ich mich zusammen

wart nicht auf absulution

nicht auf deine anerkennung

ach

die hatten wir ja schon

werde mich auf mich besinnen

werde meine wege gehn

lass die tür zu meinem häuschen

trotzdem offen stehn

ein mann

s.h.

ich habe einen mann gesehen

der brannte für das sein

allein sein

gemein sein

high sein

frei sein

bewusst sein

jetzt und hier sein

ein ganzer mensch

ein ganzer

die lösung

s.h.

komm lass los

machs dir nicht so schwer

komm doch bitte zur ruh

komm las los

machs dir nicht so schwer

hör doch bitte ma zu

es gibt ne lösung für dein problem
es gibt ne lösung ist das nicht schön
es gibt ne lösung
ich kanns ganz deutlich sehn
es gibt ne lösung
bleib doch eben ma stehn
es gibt ne lösung das glaube mir
kein problem ist ohne lösung hier

das was dich hier grad beschwert
is schon mal ne träne wert
aber gib nicht auf und mach dich ran
ein jeder wie er kann

komm lass los

machs dir nicht so schwer

komm doch bitte zur ruh

komm las los

machs dir nicht so schwer

hör doch bitte ma zu

es gibt ne lösung.......

....

die lösung war schon vor uns hier

hängt bei dir die laune schief
ist doch alles relativ
schenkst du dir ein lächeln ein
wird's gleich wieder anders sein

komm lass los

machs dir nicht so schwer

komm doch bitte zur ruh

komm las los

machs dir nicht so schwer

hör doch bitte ma zu

es gibt erlösung für deinen gott
es gibt erlösung für meinen gott
es gibt erlösung für jeden gott
es gibt erlösung
ich hab nen guten gott
es gibt ne lösung das glaube mir
kein problem ist ohne erlösung hier

also pass auf dich auf

das du nicht vergisst

schönes hört wer glücklich ist

also ein schritt vor und ein zurück

ich wünsch dir wirklich glück

die zeit rennt (dickes „B")

a.b.-k.

immerwieder dieses streben

immer wieder dieser antrieb

komm schon lass was erleben

die zeit bleibt stehn

ich renn weiter

die zeit läuft weiter

ich bleib stehn

immerwieder zu versuchen

immerwieder etwas sehn

lose leinen fisch oder kuchen

die zeit bleibt stehn

ich renn weiter

die zeit läuft weiter

ich bleib stehn

immerwieder gutes thun

immer wieder untersuchen

befriedigte begierde

ei oder huhn

die zeit bleibt stehn

ich renn weiter

die zeit läuft weiter

ich bleib stehn

immerwieder

alles wichtig

immer wieder

alles geben

alles

wahr

nehmen

richtig

nach richten

a.b.-k.

sie hackten wieder auf sich ein

weil der andere scheinbar mehr hat

als der eine

und der eine wohl mehr bekommt

als der andere verdient

und das wissen

um jenes „richtiger"

wichtiger ist als das jenen

verstandesgemäß

gebührt nun mal das los der dinge

dem menschen mit dem hauptgewinn

in glanz und schönheit

sei es in intelligent

zivilisatorischer weiße

als auch in äußeren belangen

die zwietracht

läd zum feste ein

das wetter:
so schön wie du dich fühlst

mit der puren
nakten existenz
und deren unaussweichlichem beginn
ergibt sich lebenslust
und freude
im begirlichem miteinander

kriege sind von mensch ge(h)-macht
so wie ausbeutung und niedertracht
kapitales irr-verwalten

liebe das was froh dich macht

und keinem andren schaden schafft

leicht gesagt und leicht gemacht

weil gemeinsam tun

gemeinschaft schafft

glaube

a.b.-k.

ich steh am fenster

warte auf die u-bahn

meinen dresscout vom vortag

den hab ich immer noch an

der spiegel auf der straße

lächelt leise und verwegen

diese regentropfen stören

mein empfindliches behagen

denn

ich steh am fenster

warte auf die u-bahn

ich glaub so komm ich nie an

und ich setz mich auf ein fahrrad

ich schwör ich habe was gesehn
in den fenstern eines hauses
das gleich hinter diesen mauern da
in meinem kopf

doch

ich glaube nicht mehr
das ich hier etwas verloren hab
ich glaube nicht mehr
das ich dadurch was verloren hab
ich glaube das meer
indem ich mich verloren hab
gibt ein bisschen glauben her

ich sitze auf nem fahrrad
und ich schaue mir die welt an
es fällt so leicht zu schweben
beim über die dinge reden
explodiert die kleine welt
in der sich superman gefangen hält
die türen schliessen sich
ist da im tunnel wirklich licht

weil

ich steh am fenster
nun wohl doch schon ziemlich sehr
lang
was bleibt ist nur der regen
ganz benommen und so eben
ander haltestelle sehnsucht
lieg ich schlafend auf dem boden
die u-bahn fährt nun ein........

ich glaube nicht mehr
das ich hier etwas verloren hab
ich glaube nicht mehr
das ich dadurch was verloren hab
ich glaube das meer
indem ich mich verloren hab
gibt ein bisschen glauben her

so

steh ich wieder am fenster
warte wieder auf die u-bahn
hab immer noch das selbe an
bin immer noch der gleiche mann
ich steh am fenster
ich steh neben mir
ich steh am fenster
wo kommt glauben her
werf meinen glauben ins meer

ich glaube nicht mehr

das ich hier etwas verloren hab

und

ich glaube nicht mehr

das ich dadurch was verloren hab

und

ich glaube das meer

indem ich mich verloren hab

gibt ein bisschen glauben her

<u>**mit ohne erwartung**</u>

a.b.-k.

mit nimmersatter mine

mit den taschen voll gold

mit asche im getriebe

mit den scheunen voll heu

mit leerlauf durch das feuer

mit volldampf in den sturm

mit erwartung

ohne grund und boden

verloren hat er all die angst

das da noch etwas kommen mag

jedoch was da noch kommen mag

ist der menschlich eigen saat

ist voll von dem erträumten

ist satt mit farben froh

ist hell auch und erleuchtet

ist drama und vergoldet

mit nimmersatter mine

mit den taschen voll gold

mit asche im getriebe

mit den scheunen voll heu

mit leerlauf durch das feuer

mit volldampf in den sturm

mit erwartung

ohne grund und boden

eigentlich schön

a.b.-k.

jeden tag steht er auf
jeden tag geht er hin
jeden tag für die firma bereit
jeden tag tut er dies
jeden tag tut er das
jeden tag für den clan keine zeit
jeden morgen geht's los
mit dem kopf durch die wand
hilft ihm nicht weiter in dieser zeit
deshalb passt er sich an
das geschäft geht doch vor
fragt sich wie lang er
das wohl noch kann
fast jede nacht wacht er auf
sieht die menschen vor sich
denen seine art und weise nicht reicht
liegt er da steht er auf
rauben sie ihm den schlaf
haben sie recht ist er wirklich so taub

irgendwas is doch dran
was die andern erzähln
bückt er sich vielleicht
noch nicht genug
oder hat es vielleicht
nichts mit bücken zu tun
sondern nur mit viel zu wenig vernunft
hat er vielleicht keinen plan
hat er vielleicht kein geschick
hat er vielleicht seinen beruf verfehlt
wäre es besser er hört
auf der andern kritik
ginge immer beiseite
wenn ein jeder das will
gut er is nich der typ
der sich gerne anpasst
der immer gern täglich das selbe tut
eher der der sich heut ma
was neues ausdenkt
um mal wieder etwas andres zu tun
ein mensch den man kennt
der sich gerne ablenkt
mit immer wieder neuen ideen

und er ist wie er ist
er kommt gut mit sich klar
doch manchmal kann auch er
sich selbst nicht verstehn
weil er mal hier und mal da
versteckt in seinem kopf
voll mit immer wieder neuen ideen
doch was solls sagt er sich
und was macht das schon aus
es ist doch toll andre wege zu gehn
aber dann liegt er wach
denkt sich was is so schwer
nicht auch mal
für andere menschen zu gehn
fühlt sich ganz schnell beengt und
sooo schnell gekränkt
wenn andere ihm die Sicht versperrn
und auch freunde um ihn
einen besseren plan haben
um zum ziel zu gehn
deren worte treffen hart
wenn es darum geht
das sie ihm erklärn
wie's für ihn besser geht

doch in ihm löst es nur frust
und er will es nicht sehn
das rationale wirtschaftlichkeit
alles ist worum es sich hier dreht
und so oft steigen in ihm
die tränen empor
aber weinen haben ihn wenig gesehn
und verplasst und enttäuscht
fühlt er sich nun
am abgrund zu stehn
das erste mal das er spürt
wieso es menschen gibt
die sich selber das leben nehm
ne poente gibt's nicht
das is ihm schon klar
so wie
soll er springen
oder bleibt er hier stehen
oder geht er weiter wie bisher
oder was will er tun
sieht er klar und löst das problem
so viele menschen mit so vielen Ideen
soviel von allem

eigentlich schön

<u>auf rotem felde</u>

a.b.-k.

tränen fliessen über felder

die der tod sein eigen nennt

worte gehen hier verloren

treiben lautlos übers feld

in der tiefe des verderbens

reisst der wahn der macht

seelen voller hoffnung

in gefangenschaft

tote leiber tote augen

liegen starr im nassen grass

lautlos treiben ihre seelen

über diesem grünen grab

tausend seelen schweben trauernd

übers feld gefärbt mit blut

schweben voller hoffnung

in ein neues morgenrot

tränen fliessen über leiber
deren herzen überlebt
gequälte mütter halten schreiend
in den armen ihr totes kind
dem sie vor jahren voller schmerzen
auf diesem feld leben geschenkt

die wolken ziehen schneller
hinweg über blut und mord
ziehn der mütter tränen mit sich
und die seelen ihres kindes
sie ziehen mit der kraft des windes
in eine neue wirklichkeit
tragen ihre hoffnung bei sich
für einen neuen leib

WIR KÖNNTEN

TAUSEND LEBEN HABEN

WIR LÖSCHEN JEDES LEBEN AUS

TÖTEN UM ZU LEBEN

OHNE LIEBE IM LEIB

WIR KÖNNTEN

TAUSEND JAHRE LEBEN

UND WÜRDEN

TAUSEND WESEN TÖTEN

BIS KEIN LEBEN MEHR

AUF DEM PLANETEN

DENK

a.b.-k.

DA IST EINIGES

WAS ZU BEDENKEN IST

EINIGES ZU KONTROLLIERN

EINIGES WAS ZU VEREINEN IST

EINIGES NICHT ZU DRESSIERN

EINIGES WAS ZU VERSCHENKEN IST

EINIGES BLEIBT HIER

DA BIST DU - DA BIN ICH

DA IST SIE - DA IST ER

DA SIND SIE - DA SIND DIE

WER - IST - WIE

DA IST ES

DA IST WAS

DA SIND WIR

WIR SIND HIER

s.h.

BIST DU JETZT WER

JA BIST DU BIST DU

BIST DU JETZ WER

JA BIST DU BIST

er ist

a.b.-k.

sein leben jung und unbefleckt

sein wesen voller geheimniss steckt

seine augen klar wie das reine meer

sein lachen wie die sonne

unbeschwert

sein leben hat meines neu erfüllt

sein wesen mich voll eingehüllt

seine augen sprechen zu mir jeden

tag

sein lachen gibt mir kraft und hält

mich warm

sein leben hab spät ich erst endeckt

sein wesen spät behandelt mit respekt

seine augen zeigen mir das immer

wieder

sein lachen hilft mir hinweg darüber

sein leben ist wertvoller als meins

sein wesen für mich unerreicht

seine augen

sehen mehr als ich jeh sah

sein lachen macht alle träume wahr

er ist und lässt mich sein

er gibt und schenkt mir leben

er ist der sonne licht

mein sohn ich liebe dich

kinder schenken leben

lasst uns diese nicht verderben

sie lehren uns zu leben

sie zerbrechen die mauern die wir um
uns bauen

sie sind und lassen uns sein

sie geben und schenken leben

sie sind der sonne licht

mein kind ich liebe dich

DICH

a.b.-k.

ich kenn dich schon so lange
und kann mir nicht erklären
wie das geht
das ich keinen schritt bereun kann
um dich zu sehn
das ich täglich mindestens einmal
an dich denk
das ich keinen tag dadurch ver-
schenkt hab und mir denk

*wo kommst du her
wo gehst du hin
hier ist noch was frei
für dich tief in mir drin
kommst du mit lässt du es sein
ich kann dir nicht sagen
wo führt es hin
doch komm mit wir werden sehn
wo wir dann sind*

ich kenn dich nun schon länger und
hab dich öfter mal besucht
und ich stell mir nicht die frage ob ich
nach was andrem such
ich könnte jeden tag in dir versinken
ohne scheiß
denn jeder laut von dir
in meinen ohren macht mich heiß
das ist nicht wahr
das glaubst du nicht
ich frage dich

wo kommst du her
wo gehst du hin
hier ist noch was frei
für dich tief in mir drin
kommst du mit lässt du es sein
ich kann dir nicht sagen
wo führt es hin
doch komm mit wir werden sehn
wo wir dann sin

tribut

a.b.-k.

ernährt durch ihr blut

umhüllt von ihrer haut

stolz getragen in ihrem bauch

verloren den halt

mit dem schritt ins leben

das band zerstört

durch das licht der welt

gelebt um den weg zu uns zu finden

das geraubte band gespürt

der weg unter unseren füssen

einfach weggespült

ich weiss dein herz schlug so
wie meins so frei im käfig gehalten

tragik des lebens in deinem gesicht
die tränen stürzen spalten mich

deine zeit des lebens ging vorbei

du hast mich geborn
ich hab dich gehasst

warst meistens still
wenn ich dich angeschrien

im leben schon so jung gequält
das hab ich nie gesehn

ich lief so oft neben dir
und hab dich nie gesehn

nahm mir niemals zeit dafür
dich zu verstehn
einzutauchen in deine welt
dein denken nachvollziehn konnt ich
nie

*ich weiss dein herz schlug so
wie meins so frei im käfig gehalten*

*tragik des lebens in deinem gesicht
die tränen stürzen spalten mich*

deine zeit des lebens ist vorbei

einmal hab ich dich gespürt
einmal in einem hauch aus zärtlichkeit
einmal gespürt was uns verbindet
einmal erinnerung in mir
einmal die vertrautheit deiner hand
einmal
einmal

<u>8ACHT8</u>

a.b.-k.

warum ist alles wie es ist
und warum bewegt es sich

ich träum von weiten feldern
und von unberührtem boden
von wiesen wäldern bergen bäumen
und von meeren
von wilden tieren wilden wesen
und von meiner seele
von wilden menschen
träum vom leben
und steh still daneben
ich lebe zwischen mauern
zwischen steinen und zement
lebe glücklich manchmal traurig
hab schon manchen tag verpennt
ich weis nicht wo ich wirklich herkom
und wohin ich wirklich gehn werd
doch ich bin mir sicher
ich bin

somewhere

a.b.-k.

mit jedem schritt in die vergangenheit
das jetzt vereilt mit jedem atemzug
ein neuer tag ein neues glück
und der zeiger rückt
im lichterglanz lauf den farben nach
steh nicht still bewege mich
und treib und treib mit jedem schritt
in die vergangenheit
komm nicht an in der gegenwart
träume nur in den nächsten tag
die qual, der trieb, der hass auf mich
und der zeiger rückt

irgendwo im hier irgendwo daneben

irgendwo in der zeit des lebens

irgendwo in mir

zwischen himmel und erde

enthüllt das licht

das menschliche erbe

scheinwirklichkeit
geits und neid im eignen leib
nichts im nichts und doch ein fisch
frei im netz ein pfeil der trifft
ein herz das bricht
träume tragen wünsche treiben
sehnsucht lenkt
jeder morgen ein geschenk
jeder tag in neuem licht
und der zeiger rückt

irgendwo im hier irgendwo daneben

irgendwo in der zeit des lebens

irgendwo in mir

zwischen himmel und erde

enthüllt das licht

das menschliche erbe

nicht im hier

und doch darin verweilend

nicht in der zukunft

obwohl sie mich begleitet

nicht im vergangenen

spielt es doch im jetzt

kein ort kein platz in dieser hast

menschen wege ungezählt

orte taten unentwegt

immer unterwegs nie bis zum ziel

verlust gewinn immer mittendrin

und auf der suche nach dem sinn

nur wo nur wo treibt es uns hin

wo nur wo finden wir sinn

wo nur wo weisst du wo

irgendwo im hier irgendwo daneben

irgendwo in der zeit des lebens

irgendwo in mir

zwischen himmel und erde

enthüllt das licht

das menschliche erbe

SaR

a.b.-k.

ich schau nach vorne
nich nach hinten
doch seh was um mich her geschieht
schau in das licht seh das gesicht
eines verrückten neuen tags
hör die vögel wie sie singen
und fliegen dann mit ihnen mit

tief in den wolken treff ich menschen
treffe ich dich treffe ich mich
seh das licht seh die sonne
die ihre warme kraft mir gibt
seh die vögel wie sie fliegen
und pfeife dann mit ihnen mit

ich lieg am boden schau nach oben
und das grass flüsstert mir was
höre stimmen höre töne
spür wie das leben mich anlacht
versuch zu träumen was die bäume
mit ihren augen sehn

ich schweb weit oben in der krone
und habe keine angst
blicke weit seh nicht das ende
nur den rand von einem neuen land
reise zu ihm reise weiter
schau nach vorn und kehr zurück

jeder ist und will nur sein
und dies bestimmt auch nicht allein
wir können sein denn wir sind
weil lebendig heisst am leben sein
frei wie der vogel im wind
oder der grasshalm der singt

ich danke dir

ich liebe dich

ich komme gern

zu dir zurück

STUNDENTAKT

a.b.-k.

jede volle stunde
springt die zeit in zwei
gleich reise und vergangenheit

jede volle stunde spaltet sich der weg
ich spalte mich in mir
der mensch das tier

jede volle stunde
steht das rad des seins
erbricht sich die natur
in meinen geist
singt ein stück von mir god by

geniesse jede stunde in meiner welt

der tot ist im leben

er geht mit mir den selben weg

jede volle stunde

jede volle stunde
spalten sich raum und zeit
und er nimmt mir
ein stück meines seins

jede volle stunde lächelt der tot mir zu
reicht mir die hand und greift zu

jede volle stunde schreit ich tief hin-
ein gleite aus und geniess den freien
fall

stirbt die realität
in der gefangen ich leb

geniesse jede stunde in meiner welt

der tot ist im leben

er geht mit mir den selben weg

jede volle stunde

jede volle stunde
rückt der tot ein bischen näher

jede volle stunde
tritt näher der tag

spürst du es der tot er naht

jede volle stunde
des totes stimme ertönt

nimm mich auf in deine

realität

gedankenallerlei

a.b.-k.

die sterne stehn am himmel
wir fliegen um die welt

in jedem regentropfen
sehe ich dein spiegelbild

der mond scheint durch die zweige
erinnerung daran

unsere hände ineinander
und was kam dann

die sterne stehn am himmel
ziehen einfach ihre bahn

wir fliegen weit bis an den himmel
und ich sag ey man

schenk mir doch ein stück beachtung
wirklich nur ein kleines stück

was ich dann damit mache
weis ich jetz noch nicht

so zieht alles seine bahnen

so geht alles seinen weg

so steht eben jeder gerade

wo er eben gerade steht

so bewegt sich jeder zeiger

so bewegt sich jedes bein

so bewegt sich eben alles

in seiner zeit

sei doch einfach

frech und frei

mit

ohne

gedankenallerlei

in den adern ein gewässer
verharrungslos ein strom aus blut
ein fluss voll feuer und begierde
durchspült den körper ruhelos
rationell vernüftig
baut sich der mensch
ein floss aus stroh
nimmt platz darauf
macht sich noch schick
und bewegt sich so davon
geradeaus geht`s heut nicht weiter
komm doch morgen mal vorbei
links herum alternativen
rechter hand geht`s bergab steil
über uns ein stählerner vogel
zieht seine streifen strahlend weiss
unverwirrbar unbeirrbar
doch die kirchturmuhr sie weiss

so zieht alles seine bahnen

so geht alles seinen weg

so steht eben jeder gerade

wo er eben gerade steht

so bewegt sich jeder zeiger

so bewegt sich jedes bein

so bewegt sich eben alles

in seiner zeit

sei doch einfach

frech und frei

mit

ohne

gedankenallerlei

unendlichkeit

a.b.-k.

viele tausend jahre

geht ein mensch nun durch die zeit

viele tausend jahre

alles was ihm bleibt

sind seine haare

vielleicht sein freier geist

ein häufchen asche

die wahrheit die er scheisst

von all den stunden

all den tagen ohne schmerz

nimmt er verwundet

auch noch mit sein herz

und dann brennt er

all die leidenschaft heraus

steht unverwundbar

doch das feuer geht nicht aus

MENSCH DU LEBST DOCH

MENSCH DU LIEBST DOCH

MENSCH DU LEBST DOCH

IN UNENDLICHKEIT

seit ein paar momenten
sitz ich hier an diesem ort
denk man was will ich
dann schick ich's fort
stehe aufrecht
schau in mein gesicht
falten herpes graue haare
ich liebe es

stell mir ne frage
ich weiss genau bescheid
bin studiert
seit jahren nicht mehr breit
trag keine brille
keine waffen keine schuld
ich habs gelesen das ist unsre welt

MENSCH DU LEBST DOCH

MENSCH DU LIEBST DOCH

MENSCH DU LEBST DOCH

IN UNENDLICHKEIT

in all der stille all der trauer in uns
drin

in all der armut

all den schmerzen ohne sinn

in all der dunkelheit

in allem was uns engt

brennt ein licht lebt eine stimme

und die singt

MENSCH DU LEBST DOCH

MENSCH DU LIEBST DOCH

MENSCH DU LEBST DOCH

IN UNENDLICHKEIT

<u>RICHTIGWICHTIG</u>

a.b.-k.

atmen, stehen, gehen, laufen,

reden, essen, trinken, sein,

gemeinsam, fantastisch

und vielleicht rauchen,

offen, tollerant und dein

begleiter, helfer, unterstützer,

geliebter, freund und mensch,

erwachsen, kind, gelehrter,

unbeholfen und manchmal fremd

lachen, tanzen, spaß am leben,

reisen, treffen, sich erleben,

staunen, laut sein, glas erheben,

leise, lustig und vergeben

sonne tanken, füße stehen

liebe leuchtet auf allen wegen

einfach atmen, einfach gehen

gemeinsam träume leben

atmen, leben, barfuss gehen,

gemeinsames bewegen, lachen, reden

lasst uns leben gemeinsam leben

*ALLES WAS WICHTG IST
MUSS NICH SEIN DAS ES RICHTIG
IST*

*ALLES WAS RICHTIG IST
MUSS NICHT SEIN DAS ES WICHTIG
IST*

EINMAL FREI SEIN

a.b.-k.

nochmal sehen

mit den augen eines kindes

fällt mir oft so schwer

und der nebel

auf den feldern dieses lebens

gibt das oft nicht her

nochmal unbeschwert

und voller liebe

auf einen fremden zu zu gehn

ohne angst das auf dem konto

irgendwann nur nullen stehn

nochmal die welt sich zu erklären

aus märchen und aus gummibärn

aus mythen und legenden

aus helden die nie sterben werden

nochmal den zauber zu erleben

wenn ich in starken armen liege

und sich die feeen und die elfen

um meinen zarten schlaf bemühen

ICH WILL FREI SEIN WIE EIN VOGEL

*LASS MICH TRAGEN LEICHT VOM
WIND*

ICH WILL SCHWEBEN

GANZ WEIT OBEN

ICH WILL FREI SEIN WIE EIN KIND

ICH WILL ALLES LIEGEN LASSEN

ICH WILL DIE VERNUFT VERLIERN

*ICH WILL MICH EINFACH TRAGEN
LASSEN*

OHNE ANGST DAS WAS PASSIERT

dann wach ich auf aus meinem traum
leg die rosa brille ab
stell mich wieder der erwartung
und dem neuen grauen tag

bin in gedanken schon verloren
hab meinen intelekt gewegt
ehe die sonne noch geboren
hab ich meinen traum versteckt

jetz lauf ich wieder meine wege
regulier und dirigier
schliesse einfach meine augen
auf das ich mich mal selber spür

dann seh ich meine kinder
wie sie lachen wie sie spieln
und wie alles um sie her
nur aus leichtigkeit passiert

ICH KANN FREI SEIN WIE EIN VOGEL

*LASS MICH TRAGEN LEICHT VOM
WIND*

ICH KANN SCHWEBEN

GANZ WEIT OBEN

ICH KANN FREI SEIN WIE EIN KIND

ICH KANN ALLES LIEGEN LASSEN

ICH KANN DIE VERNUFT VERLIERN

*ICH KANN MICH EINFACH TRAGEN
LASSEN*

OHNE ANGST DAS WAS PASSIERT

was geschieht wenn das geschehen
was ich einmal mir gewünscht
bin ich dann wirklich zufrieden
fröhlich frech und unverklemmt

ja weil doch der fluss des lebens
uns oft wirklich alles schenkt
schweben wir dem glück entgegen
gleiten einfach mit dem wind

ICH BIN FREI WIE EIN VOGEL

LASS MICH TRAGEN LEICHT VOM
WIND

ICH SCHWEBE GANZ WEIT OBEN

ICH BIN FREI WIE EIN KIND

ICH KANN ALLES LIEGEN LASSEN

ICH VERLIERE DIE VERNUFT

ICH LASSE MICH EINFACH TRAGEN

IN DIE ZUKUNFT

WIR SIND FREI WIE DIE VÖGEL

LASSEN UNS TRAGEN LEICHT VOM
WIND

WIR SCHWEBEN GANZ WEIT OBEN

WIR SIND FREI FREI WIE EIN KIND

WIR LASSEN EINFACH ALLES LIE-
GEN

VERLIEREN DIE VERNUFT

LASSEN UNS GEMEINSAM TRAGEN
IN DIE ZUKUNFT

<u>nochmal fliegen</u>

a.b.-k.

ich würde manchmal gerne fliegen
können

ich hab das schon einmal
geschrieben

ich würde gerne fliegen können

so wie engel oder feen

ich würde manchmal gerne fliegen

können

was auch immer mich beflügelt

weiss nich ob ich mich dann drehen

könnte

doch ich glaube das es geht

mit beiden füssen auf der erde mit

beiden beinen im verstand

mit den händen in den taschen

und dem blick im sand

mit den gedanken
um die welt geflogen
das mit höhenangst
im dreivierteltakt davongelaufen
beide beine im verstand

rundherum gespräche
über alles
über dich und über mich
über ihn
was sie sonst noch so beschäftigt
über rätsel und das ich

auch wenn die menschenwelt
nicht sehn will
wenn der mensch
es auch schon weiss
all das was wir alle sehn könn
ist noch lange kein beweiss

so laufen viele tausendbeiner

viele von der selben art

so vieles was wir auch gern hätten

neben rat und tat

tagtäglich

die perfekten kreise

mathematisch so korekt

illegale rationale

in sich so defekt

alles was mich noch beflügelt

ist allein der sinn der zeit

ist die leichtigkeit der lebensläufe

ist die tagtäglich liebelei

ist der wind

die sonne und die erde

ist das wasser und das meer

ist die liebe

zu den Jahreszeiten

ist die liebe nur zu dir

<u>....im fluss des seins....</u>

a.b.-k.

so einfach kann das leben sein

in der wärmenden sonne sitzen

dem wind bei seinem spaziergang

durch die elemente spüren

die leichtigkeit erahnen

die dieses irdische sein prägt

das atmen betrachten

bewusst wahrnehmen

dem körper folgen

in ihm geborgen sein

eins sein mit dem sein

gedanken verblassen lassen

von wer bin ich und was soll ich sein

von verbindlichkeiten

gegenüber all dem müssen
sein und wollen

und wenn die sonne untergeht

die stimme des windes verstummt ?

bleibt das atmen des körpers

der seele

dessen was meint es zu verstehen

schließe die augen

atme

lasse fallen

lasse gehen

lasse fließen,

ist das schon

INKONTINENZ

das war wieder so ein tag

s.h.

der wie blei zerfloss
habe keine antwort mehr
fühl mich machtlos wie als kind
kann die verantwortung nicht tragen
habe keine hoffnung mehr
will nicht glauben das es das schon
war
alles alles ist leer
die kleinste tochter
weint schon wieder
habe keinen trost für sie
habe keinen trost für mich

so leer so leer

so leer war ich noch nie

wo kann ich mich hinwenden
in diesem jammertal
kanns drehen kann es wenden
nichts führt aus dieser qual
keine aufgabe scheint es zu geben
die ich erfüllen kann
kein leid erfahren
keinen hunger
und doch so traurig

das leben
scheint nur der geringste teil
und doch alles

gott du bist…..

WESENWANDELWESEN

a.b.-k.

im wandel der zeit begeben

sich tausende dinge:

stehende arme beginnen sich

im geld der neider zu schwingen

beine schritte zu finden

die das dickicht des zorns

überwinden

scheinbar schöne fassaden beginnen

sich zu verschwimmen

blass ohne einfall

beginnen menschen wieder zu finden

das hört sich ganz so an
als fänge was neues an
so scheint es als dann zu sein
es fühlen alle für sich allein
doch der mut dieser neuen zeit
macht uns zu allem bereit

all das zu finden
was uns im herzen verbindet
was uns im sein vereint
die kraft der zeit
ein wesen
im
wesenwandel
zu sein

ICH HABE KEINEN PLAN VOM LEBEN

a.b.-k.

ich sage dir
wie das leben erst richtig
zu regulieren ist
das das was du da tust
nicht mal ein halbes leben ist
das du was du da tust
es so garnicht richtig machst
das wenn du es wirklich richtig
anpackst
es ganz nach oben schaffst
ich sage dir den weg
der der einzig richtige ist
zeige dir deine schwächen
damit du zusammenbrichst
ich sag dir meine warheit
mitten ins gesicht
erzähle mir doch mal
warum antwortest du nicht

es ist schon gut schon gut schon gut

wenn ich immer noch

den pöppel unter mir haben kann

es ist schon gut schon gut schon gut

wenn ich immer noch

nach unten spucken kann

es ist schon gut schon gut schon gut

wenn ich auch auf keinen anderen

mehr vertrauen kann

es ist schon gut schon gut sooooo gut

doch wieso fühlt sich das in mir

gar nicht so gut an

na dann hör doch einfach mal
ganz genau zu
ich habe da was für dich
die einzig wahre wahrheit
die lautet verzicht
verzicht auf alles
was die anderen dir erzählen
auf den gut gemeinten ratschlag
mensch du musst dich quälen
vergiss das miteinander leben
verzichte auf gemeinsamkeit
verdränge deine trauer
über das alleine sein
höre auf damit
nur immer für andere da zu sein
denke nur noch an dich
dann wird alles gut sein für dich

es ist schon gut schon gut schon gut

wenn ich immer noch

den pöppel unter mir haben kann

es ist schon gut schon gut schon gut

wenn ich immer noch

nach unten spucken kann

es ist schon gut schon gut schon gut

wenn ich auch auf keinen anderen

mehr vertrauen kann

es ist schon gut schon gut sooooo
gut

doch wieso fühlt sich das in mir

gar nicht so gut an

ja ok du merkst schon
meine tränen sprechen für sich
was ich dir hier erzähle
funktioniert auf dauer nicht
vielleicht bin ich auch nur einer
der nicht gern alleine ist
wenn ich dich manipuliere
glaub ich an mich

na gut jetz sage ich dir was
ich glaube fest daran
das wir gemeinsam leben können
jeder wie er kann
un das all die energien
die wir auf das gegeneinander setzen
im gemeinsamen erschaffen
alle grenzen brechen

es ist schon gut schon gut schon gut
wenn ich immer noch
den pöppel unter mir haben kann
es ist schon gut schon gut schon gut
wenn ich immer noch
nach unten spucken kann
es ist schon gut schon gut schon gut
wenn ich auch auf keinen anderen
mehr vertrauen kann
es ist schon gut schon gut sooooo
gut
doch wieso fühlt sich das in mir
gar nicht so gut an
es ist schon gut
das wir alle immer noch nicht
zu herzlosen individualisten
verkommen sind
es ist schon gut
wenn wir versuchen uns zu lassen
wie wir eben sind
wenn wir uns vertrauen

lebenslust

a.b.-k.

ganz still, neben dir her

ziehn sich die jahre

legen sich marotten an

wie sand am meer

ganz langsam

tauche ich ein

in das ganze

umhüllt von arroganzien

blütenschein

ganz unerschrocken lichtbemahlt

zarte sprossen

holt das leben meinen atem

zahn um zahn

ganz unaufhaltsam

wurzelwerk

stein schuf stein
das feuer glüht im wasser
ungefährlich

lebenslust heisst:

glaube an das gute

an das feuer

an die liebe an den tag

an deine kraft

an die schönheit der momente

denn scheisse wärs nur dann

wärn wir nich da

ganz unaufhörlich

grosse flocken

kleine tropfen

beben emotionen

legen endorphine los

ganz bunt

gefüllte seelen

gewolltes leben

rauschen leichtbekleitende

meinen weg

lebenslust heisst:

glaube an das gute

an das feuer

an die liebe an den tag

an deine kraft

an die schönheit der momente

denn scheisse wärs nur dann

wärn wir nich da

rabimmel rabammel

s.h.

ich bin kleinlich

so wie der sand

so trocken poröss

ist mein verstand

giess roten wein darauf

saugt der sand schnell auf

rabimmel rabammel rabum

rabimmel rabammel rabum

tiefe sehnsucht

a.b.-k.

tiefe sehnsucht nach geborgenheit

zieht meinen blick ins innere

verlangt nach raum

nach zeit

nach dir

unsre einzigartige geschichte

aus leichtsinn

in den frohsinn eingekehrt

all die erlesenen reben unseres weges

in einer wanne voll begierde

und ich ziere mich nicht

dir zu sagen

das ich mich gern

mit dir verlier

ungefragter tag

a.b.-k.

wie oft

habe ich mich schon gefragt

ob das schon alles war

alles gesehn

alles erlebt

alles erfühlt

alles getan

oder doch

nur so getan

erahnt das nochetwas kam

was kommen könnte

ungelebtes

unerfahrenes

wie oft kam ungefragt

ein neuer tag

<u>unschuldig</u>

s.h.

wir können nicht anders
weitermachen

als wie wir begonnen

unschuldig

aber mit jedem grad an bewusstsein

wächst auch die verantwortung

<u>pasquale</u>

a.b.-k.

P: „ kein text „

A: kann beschreiben wie es in dir
aussieht

P: „ keine Ahnung „

A: von wie und was und so - wie - so

P: „ hör jetzt bitte mal auf „

A: sonst rastest du aus

A: was hälst du denn von reden über
deine probleme

P: „ garnichts „

A: wär zu viel gesagt
und kommst du ohne reden klar

P: „ warum „

A: ich frage dich warum
weil ich hören möchte wie es in dir
aussieht

P: „ ja, bla bla bla „

„ du schweinehund

du bastard

lass mich in ruhe

hau doch ab du wichser

verpiss dich hau doch ab

ihr lasst mich sowieso alle alleine „

SINNLOS

a.b.-k.

SINNLOS
fühlt es sich an
denke ich
scheint es
AM ENDE
geht jeder doch alleine
bleiben nur gedanken zurück
steht das nichts bereit
ALLES
was zu kaufen ist
was machbar ist
wartet nicht kommt nicht
SO-WIE-SO
das schöne im regen
der hass auf die sonne
die freude am töten
GEFÄHRLICH
nur zu denken zu durchdenken
unaufhaltsam zu verändern
unnachgibig froh zu sein
DAS LEBEN
atmen, essen, scheissen, fortpflanzen,sterben
und dazwischen sind räume der unendlichkeit

<u>stufen</u>

a.b.-k.

lebensleiter - sprossensteiger
wind begleiter - heiter heiter

jahreskreisdurchschreiter
wesen - licht - leichter - leichter

lust - verwirrung - hohe geister
farben - frohsinn - weitend weiter

lebenslichter - jahreswinde
lustgewinn

immerhin

andere leben begaffen

s.h.

du sagst ich muss ma raus hier

du sagst ich muss hier ma weg

ich kenn ein paar schöne

bürgerkriegsregionen

mit blutiger landschaft

aus zerbompten stein

ich sag dir mein freund mach in ruhe

bist du heut schon bereit für das sein

ich hörte von üppigen slums

mit bächen aus scheisse und blut

gute reisse mein freund

komm bald wieder

an der hotelbar da trinkt es sich gut

weisst du

a.b.-k.

weisst du wie lange du schon lebst

noch wohin die reise geht

weisst du warum du dich drehst

schon so lange unentwegt

weisst du wohin der fluss sich regt

und du so still daneben stehst

weisst du warum

deine beine sich nicht bewegen

und nur die dramen dich beseelen

weisst du manchmal bin ich allein

und will doch nur bei dir sein

weisst du wer du wirklich bist

weisst du was hier wirklich ist

weisst du ob wir das gleiche sehn

weisst du ich will mit dir gehn

verbundenheit

a.b.-k.

es trägt ein jedes wesen

in sich

ein wohliges gefühl

erfüllt

sogar verbunden

beständig

lose

ohne ziel

stund um stunde

alltagtäglich

aus den augen

aus den sinnen

oh ja

a.b.-k.

das wertvollste ?

das leben mit dir !

die geschenke unserer liebe

ihr reifen

die kraft ihrer flügel

getragen werden vom wind

das erkunden der oberfläche

der lebendigkeit

mit den sinnen und wurzeln der liebe

das wertvollste ?

das leben mit dir !

das strahlen deiner augen

wenn du dich geborgen fühlst

das leuchten deines wesens

welches mich liebt ohne bedingungen

deine hände auf meiner haut

das wertvollste ?

das leben mit dir !

ende

a.b.-k.

sie ist wohl ausgereitzt

die entwicklung dieses wesens

ja ja

wird weiter technische revolutionen
feiern

im kognitiv und physiologischem

leistungsstreben

und bewusstseinsreife

weiter nur das aussen

das benutzen

das zerstören

das verbrauchen

fehlt ihm die innekehr

zum miteinander reifen im grossen

im ganzen

das kleine eigene

sicherheitsbedürfniss

vorziehn

im rausch vergessen

zu einem führer
nach oben schauen wollen

ein teil sein

um jemanden begreiflich zu haben

der recht verspricht für mich

pläne planen

für die zukunft

höher, schneller, weiter, mehr

das missachten
des inneren betrachten

das ein jeder um mich her

trägt genau so schwer

die krone der schöpfung

s.h.

die krone der schöpfung

kann kaum noch laufen

aber toll auto fahrn

und tüchtig saufen

die krone der schöpfung

bleich und fett

emotionslos und gierig

geht mit dem laptop ins bett

aufrecht möchte ich gehen

aufrecht möchte ich stehen

amen

loves a women

everything

you know

liebe dich

kind

nimm dich in die arme

gib dir den mut zu sehen

zu gehen

auf zu stehen

schenke dir die kraft

der sinn deines lebens bist du

liebe dich kind

nimm dich in die arme

so wirst du andere lieben können

so können dich andere lieben

ich liebe dich

DANKE

AN ALLE DIE UNS
TRUGEN
TRAGEN
GETRAGEN
WERDEN HABEN

einbandfotos

von

jens albert heidler

s.h.

es sprach der attentäter

ich pfeif auf die kritik

die folgen hört mann später

DER ANSCHLAG

- MACHT -

DIE MUSIK